AF688889

जीने की कोशिश में

"हर रोज़ की जंग, हर पल की उम्मीद"

Jay Shanker Prasad

BookLeaf Publishing
India | USA | UK

Copyright © Jay Shanker Prasad
All Rights Reserved.

This book has been self-published with all reasonable efforts taken to make the material error-free by the author. No part of this book shall be used, reproduced in any manner whatsoever without written permission from the author, except in the case of brief quotations embodied in critical articles and reviews.
The Author of this book is solely responsible and liable for its content including but not limited to the views, representations, descriptions, statements, information, opinions, and references ["Content"]. The Content of this book shall not constitute or be construed or deemed to reflect the opinion or expression of the Publisher or Editor. Neither the Publisher nor Editor endorse or approve the Content of this book or guarantee the reliability, accuracy, or completeness of the Content published herein and do not make any representations or warranties of any kind, express or implied, including but not limited to the implied warranties of merchantability, fitness for a particular purpose.
The Publisher and Editor shall not be liable whatsoever...

Made with ❤ on the BookLeaf Publishing Platform
www.bookleafpub.in
www.bookleafpub.com

Dedication

Relationship is all about Control.

If you are in Control

you don't get hurt...

But sometimes........

WE FALL IN LOVE.

Preface

Reality is sometime very annoying though we could only to face it; sometime it tries to experiment with and next time it just freeze. I thought of it again and again, not related any sort of things but It really exists.
It's perfect to dream and make it happen rather living in reality to get it happen for it; it will never comes to you to do experiment again and again; what we call R&D and make it function error free. We can't write same program with different codes. It has got basic to start with; only condition changes to get it run smoothly. Sometime we stuck with codes; perfectly to do what Next...

"जीने की कोशिश में " is not just a title, it is a reflection of a journey through heartbreak, falling apart, and yet—still fighting, still surviving. The poems in this collection carry fragments of pain, the silence of loneliness, and the fragile hope of starting again.Every line written here is a step towards healing, a reminder that even when life feels like an unfinished code, we still try to debug it, to run it again, and to live—if not perfectly, then at least with honesty. If the reader finds even a shadow of their own story in these words, this attempt of mine will find its true meaning.

Acknowledgements

Writing ***"जीने की कोशिश में"*** has been more than just putting words on paper—it has been an emotional journey of heartbreak, survival, and rediscovery. No journey is complete without the people who stand by you, knowingly or unknowingly, and give you the strength to continue.

First, I bow my head to **Maa and Papa**, whose blessings, unconditional love, and constant encouragement became the foundation of my courage. Their faith in me reminded me that even in the toughest times, I was never alone.

To my beautiful wife, **Nikita Gupta**, who inspired me not only to write but also to share my words with the world. Her support and belief lit the path toward publishing this book. Without her, these poems would have remained only in silence.

To my son, **Attulay Gupta**, whose innocence and calmness became a mirror of peace for me. In his presence, I found the strength to balance pain with patience, and chaos with clarity.

To **Yogendra Mohan**, whose thoughtful review and experience added depth and perspective to my poems. His guidance ensured that every word carried more weight than just emotion—it carried meaning.

I also wish to thank all those unnamed moments of heartbreak and healing that shaped this collection. The reality that annoyed me, the codes of life where I got stuck, and the fragments of dreams I dared to hold onto—all became my teachers.

Finally, I dedicate this work to every reader who has ever fallen, broken, and yet chosen to rise again. If these words reflect even a glimpse of your journey, then my purpose stands fulfilled.

आज फिर से कोशिश की हमने उन्हें भुलाने की

आज फिर से कोशिश की हमने उन्हें भुलाने की...
चंद यादों की बारिश - जो है,कहीं
उन बादलों में छुपा हुआ...
कोशिश की उन्हें मिटाने की,
पर लगता है, ये बारिश अब होकर रहेगी ।
डरता हूँ
कहीं, डूब न जाऊँ इनकी बूंदों में,
कोई रोक सके तो रोक ले, इन बिजलीयों को.
डर लगता है, मेरी ख्वाहिशों को ये जला न दे।

एक आईने की तलाश में...
जिसमें वही चेहरा, वही तस्वीर,
जो अब भी दिखती है, मुझे उन बूंदों में।
मिटा ना दे उसे कोई मेरे ज़ेहन से,
इसीलिए बस निकल पड़ता हूँ,
फिर से। मैं उन बादलों में -उन्हें ढूँढ़ने.

पर शायद वो बादल अब मिल नहीं पाएँगे ।
इसीलिए, आज फिर से कोशिश की हमने उन्हें भुलाने की ।।

पाने का नाम ही मोहब्बत नहीं होता।

पाने का नाम ही मोहब्बत नहीं होता,
तू क्या करे, दिल उनकी यादों में ही रोता है।

ना उनकी यादों को हम भुला पाएंगे,
ना उनकी चाहत, ना उन्हें भुला पाएंगे।

उन्हें याद करना जुर्म सा लगता है,
और उन्हें भुला देना गुनाह सा लगता है।
तो मैं जुर्म करूँ या गुनाह करूँ?
दिल से पूछा—मैं और क्या करूँ।

अगर वो हमसे जुदा होकर खुश हैं,
तो ज़िंदगी का हर पल हम हंस कर बिताएंगे।
मरने का नाम कभी मोहब्बत नहीं होता,
ना मेरी मोहब्बत को ज़िंदगी, ना शहादत मिलेगी।

जी कर दिखाऊँगा उनकी मोहब्बत में अपनी पूरी ज़िंदगी,
रब से दुआ—उसे उसकी मोहब्बत मिल जाए,
और मेरी मोहब्बत को, मेरे खुदा की इबादत मिल जाए।

जीने की कोशिश में

बचपन था मेरे जीत और हार का,
अब ना कोई खुशी, ना कोई गम

ना किसी के प्यार का अहसास,
ना किसी का इंतजार।।

हम कल भी चल रहे थे,
आज भी चले जा रहे हैं।

ना मंजिल का थिकाना, ना चाहात ठहरने की
यौं ही ऊलझनों मे, अब ना कोई चाहत
ज़िन्दगी तुझे समझने की।।

जी लेता हूँ ज़िन्दगी का हर पल
बस, जीने की कोशिश में
बस ..जीने की कोशिश में ।।

आज कुछ आहटों को सुननें की कोशिश की

आज कुछ आहटों को सुनने की कोशिश की...
पता नहीं चला, वो बीते हुए पलों के हैं,
या फिर आने वाले कल के।

कुछ ठीक से सुनाई नहीं दिया,
क्योंकि मैं बस चला जा रहा हूँ...
रुकने का समय नहीं है।
उलझनों के बीच, हर पल बस खोता जा रहा हूँ।

सोचता हूँ, आज बस मैं रुक जाऊँ,
देखूँ, मुड़ के फिर से...जाऊँ उसी राह में वापस,
जिस राह में चलते हुए मैं इतनी दूर निकल आया हूँ।

काश कुछ मिल जाए, जिसे मैंने
कहीं तो छोड़ दिया उन राहों में,
आया नहीं जो याद मुझे अब तक इन सालों में।

खो गया वो शायद, कहीं न कहीं , इस वक़्त के कई पैमानों में।
इसलिए, आज फिर से कुछ आहटों को सुनने की कोशिश की...

कट रही है जिंदगी, कुछ् इस तरह

कट रही है ज़िंदगी कुछ इस तरह,
जैसे आने वाले कल का इंतज़ार न हो,
न बीते हुए लम्हों का कोई अफ़सोस।

खामोश बैठें तो वो कहते हैं – ***"उदासी अच्छी नहीं..."***
ज़रा-सा हँस लें तो मुस्कुराने की वजह पूछ लेते हैं।

गिरते हुए आँसुओं को कौन देखता है...
झूठी मुस्कान के दीवाने हैं सब यहाँ।

ज़रा ठहर ऐ ज़िंदगी, तुझे भी सुलझा दूँगा,
पहले उसे तो मना लूँ, जिसकी वजह से तू उलझी है।

नींद में भी गिरते हैं मेरी आँखों से आँसू,
जब भी तुम ख़्वाबों में मेरा हाथ छोड़ देते हो।

कुछ तो बेवफ़ाई है मुझमें भी,
जो अब तक ज़िंदा हूँ उनके बग़ैर।
वरना मोहब्बत तो साँसों से भी पहले
रुख़सत हो जाया करती है।

जन्मदिन में दिल की बात - मेरी अर्धांगिनी

तन्हाई का जब आलम था,
ना का कोई दोस्त,
ना कोई साथी था।

सपने जब टूटे थे,
कुछ रिश्ते जब छूटे थे।

ख़ुद से ही जंग थी,
और तन्हाई का साया था,
हर दर्द में डूबा हुआ दिल,
बस चुपचाप रो पाया था।

निकला पड़ा था ढूंढने,
कोई अपना मैं किसी शहर में
मिल गयी तू मुझे,
उसी शांत समन्दर की लहर में।

वो सपने जो कभी ख़्वाब थे पूरे होने लगे
मुरझायें गुलिस्ताँ में भी फूल खिलने लगे।

मेरा ख़्वाब,
मेरी हक़ीक़त हो तुम
हर दिन की सुबह,
मेरी ज़रूरत हो तुम

मेरी पहली चाहत,
और आख़िरी मोहब्बत हो तुम
मेरे दिल की धड़कन,
मेरी जान हो तुम।

अब यही चाहत है कि,
बस आरज़ू में तुम मेरे साथ हो
ज़िंदगी यूँ ही चलती रहे,
बस हाथों में तेरा हाथ हो।

हर खुशी भी माँगे खुशी तुझसे,
सुबह भी हो तेरे अंगड़ाइयों से
जन्मदिन मुबारक हो
आपको दिल की गहराइयों से ।।

♥ *Happy Birthday Nikita* ♥

तुम भूलोगे तो नहीं ....मुझे

धुंधले अंधरे में,
कंही दुर अकले में
मदहोश सी महक थी,
उन बाँहो के घेरे में ..

वो बातें,
वो यादें,
तेरा प्यार,
तेरी बेवफ़ाई
पर एक सवाल अब भी बाकी हैं..
किसी ने आँखो में आँखे डाल के पुछा था ...
ये ख्याल अब भी बाकी है 1

तुम भूलोगे तो नहीं ....मुझे ..??
तुम भूलोगे तो नहीं ....मुझे ..??

एक ही पल में तूने
जीने का सलीका सिखा दिया,
भटके हुए रास्तों को
तूने मंज़िल दिखा दिया।

मैं ठहरा रहा तेरे इंतज़ार में
हाँ की उम्मीद- तेरे हर इनकार में

खबर ना लगी, इश्क़ कब मुझे बेहाल कर गया
वक्त का परिंदा मुझे नीलाम कर गया

मगर मदहोश सी महक अब भी बाक़ी है
तेरी बाँहो के घेरे में ..

यादास्त ये कभी ना मिटी थी,
ना मिटेगी मेरे जहन से,
जो एक सवाल तूने पुछा था ...
मेरे आँखो में आँखे डाल के ..

तुम भूलोगे तो नहीं ....मुझे ..??
तुम भूलोगे तो नहीं ....मुझे ..??

जवाब - भूल ज़ाऊंगा मैं खुद को शायाद ..

पर तुझे ...कभी नहीं ...कभी भी नहीं ..

सवाल ढुढँता हूँ ।

खुद से अंजान, खामोशी में, हर इक निशान ढूँढता हूँ ।
जवाब शायद मिल भी जाए, ईस लिए बस सवाल ढूँढता हूँ ।।

तेरी मोहब्बत की राहों में, हज़ारों ज़ख़्म मिले मुझको,
अब उन दर्द भरे लम्हों में, मैं हर सुकून निकाल ढूँढता हूँ ।।
तन्हा सफ़र है इस दिल का, मगर उम्मीद अभी बाक़ी,
टूटे रिश्तों की राखों में, मैं नई सी मशाल ढूँढता हूँ ।।

कभी तू थी रोशनी मेरी, अब अँधेरा ही साथी बन बैठा,
ज़िन्दगी के इस सफ़र में, अपना मकान ढूँढता हूँ ।
भीड़ में रहकर भी तनहा हूँ, तन्हाई से अब शिकवा नहीं,
खुद की ही परछाइयों में, इक पहचान ढूँढता हूँ ।।

तेरे बिना ये ज़िन्दगी अधूरी, मगर साँसें फिर भी चलती,
हर धड़कन की ख़ामोशी में, तेरा ही ख्याल ढूँढता हूँ ।।
वक़्त बदल दे चेहरे सबके, मगर दिल अब भी ज़िद्दी है,
गुज़रे कल की तन्हाई में, मैं तेरा ही हाल ढूँढता हूँ ।।

खुद से अंजान, खामोशी में, हर इक निशान ढूँढता हूँ ।
जवाब शायद मिल भी जाए, ईस लिए बस सवाल ढूँढता हूँ ।।

लोग तो लिखते रहे मेरी आँखों पे ग़ज़ल,

लोग तो लिखते रहे मेरी आँखों पर ग़ज़ल,
तूने तो इतना भी न पूछा कि रोते क्यों हो...

तेरे बिना सब कुछ अधूरा है,
ख़ुद से पूछता हूँ कि अब जीते क्यों हो...
हर भीड़ में तेरा चेहरा ढूँढता हूँ,
दोस्त पूछतें है की भाई इतना पीते क्यों हो...

तेरी यादें मेरी साँसों में उलझी हैं,
दिल समझाता है कि अब तन्हा क्यों हो ।
प्यार सच्चा था, पर मुक़द्दर अधूरा निकला,
आँखें कहती हैं कि फिर सपने बोते क्यों हो।

तेरी बेवफ़ाई भी मुझे तुझसे जुदा न कर पाई,
ख़ुद से पूछता हूँ, हर चीज़ पाकर खोते क्यों हो।

लोग तो लिखते रहे मेरी आँखों पर ग़ज़ल,
तूने तो इतना भी न पूछा कि रोते क्यों हो।।

मैं वही सवाल हूँ, जिसका कोई जवाब नहीं।

मैं

मैं छिप के रहता हूँ,
मेरा कोई विकार नहीं।
मैं सबका हूँ,
पर मेरा कोई परिवार नहीं।

मैं

सिर्फ़ मैं ही हूँ,
मेरा कोई प्रकार नहीं।
मैं गर्जन हूँ,
पर कोई ललकार नहीं।

मैं

मैं दशमलव हूँ,
कोई पूर्ण विराम नहीं।
मैं निंदनीय व्यापी हूँ,
शब्दों का श्रृंगार नहीं।

मैं

मैं सिर्फ़ "अहम" हूँ,
पर यह अहंकार नहीं।
मैं आईना हूँ,
जिसमें कोई चेहरा साफ़ नहीं।

मैं

कोई दामन नहीं,
कोई चिराग नहीं।
मैं घना अंधेरा हूँ,
मेरी रात का हिसाब नहीं।

फिर भी –

मैं

अनसुनी सिसकियों की आवाज़ हूँ,
टूटी हुई उम्मीदों का राज़ हूँ।

मैं

वही सवाल हूँ, जिसका कोई जवाब नहीं।

मेरी माँ।

वक़्त हुआ,
एक उम्र हुई,
अब थक घर को लौटा हूँ, **माँ** ।

कुछ डाँट मिली,
कुछ प्यार मिला,
उम्र बढ़ी
पर मैं अब भी मैं बहुत छोटा हूँ, **माँ।**

तेरी ममता,
तेरे प्यार से,
बचपन भी हंस कर बीत गया
जवानी, तेरे बिन जीत कर भी
बचपन से हार गया। **माँ।**

तेरे हाँथों के निवालें,
लगे अमृत के प्यालें
आज भरी थाली है,
मैं फिर भी भूखा सोया हूँ **माँ।**

सपनों के पीछे दौड़ कर भी,
सफ़र में खुद को खोया हूँ,
दिल से कभी न टूटा,
पर तुझे याद करके बहुत बार रोया हूँ, **माँ।**

ज़िंदगी मेरी, काफ़ी सफल है,
माँ, तेरी दुयाओ का ही असर है,

तेरी मेहनत की ये गीत है,
माँ, तेरी मुस्कान ही मेरी जीत है।।

अब पलकें तेरी गोद ढूँढती हैं,
शहर से **माँ** के घर का रास्ता ढूँढती है ।

भीड़ में चेहरे सब पराये लगते हैं,
वो भी बिन **माँ** के सताए लगते है।।

माँ, तेरे बिन दुनिया भी अधूरी,
हर अभिमान भी अधूरा

माँ मेरे साथ हो-
तभी सब कुछ लगे अच्छा, सब कुछ लगे पूरा ।।

पल भर में

पल भर में -कोई तेरे अपने हो गए,
जो ज़िंदगी भर से थे,
उनकी कोई क़दर नहीं।

सालों की मोहब्बत,
सालों की क़ुर्बानी,
कुछ पलों में ही बेगानी हो गई।
जिसे आँखों का सपना बनाया था,
वो अब किसी और की कहानी हो गई।

थामा था हाथ मेरा उम्र भर के लिए
पल भर में छोड़ दिया,
क्या नादानी हो गई
जिसकी हाँथों की लकीरों में मेरा नाम था
किसी और की निशानी हो गई।।

जाते वक़्त उसने पलट के न देखा
कुछ बीती यादे थी,
उसके दामन में
एक बार दामन झटक के न देखा ।

मैं आँख गढाये तकता रहा,
उसकी आँखे
और वो जज्बात थामे चलती रही
एक बार पलक झपक के न देखा ।।

मुझे देखना है उस ख़ुशनसीब के हाथों की लकीरें,
जिसकी हथेली पे बिखर गईं मेरी ही तक़दीरें।

तेरे जाने के बाद मेरी रूह भी वीरान हो गई,
तेरी यादों में डूबकर मेरी आँखें भी बेज़ुबान हो गई।।

वो वादा,
वो प्यार,
चंद पलों में हवा में घुल गया
मुझे ज़िंदगी भर की तन्हाई और तुझे ज़िंदगी भर का प्यार मिल गया।।

फिर भी तेरे लिए खुदा से दुआ ही आती है
तुझसे जुदा होकर भी,
मेरी तन्हाई तेरे नाम से जुड़ जाती है।।

यह ज़रूरी तो नहीं...

यह ज़रूरी तो नहीं
कि बार-बार कहूँ,
मेरा सच है...
करता है हिफ़ाज़त मेरे एहसासों की,
यह ज़रूरी तो नहीं,
ज़ाहिर सर-ए-आम करूँ।

यह ज़रूरी तो नहीं
कि बार-बार कहूँ,
मेरा यक़ीन है...
मेरी सोच पर निर्भर करता है,
आप समझें...
मैं यह उम्मीद नहीं करता।

क्यों हर दर्द आपको बयाँ करूँ,
यह ज़रूरी तो नहीं
कि बार-बार कहूँ।

वो लम्हे हैं...
कुछ पल,
रोकते हैं मुझे तन्हाई में।
रात फिर सर्द-सी है,
ख़्वाब फिर नम-से हैं,
वक़्त फिर फ़िराक़ में है–
मुझे अँधेरों में ढालने के लिए।

रात रोशन थी शमा से,
तो उजालों से क्यों डरूँ?
यह ज़रूरी तो नहीं
कि बार-बार कहूँ।

तू अब आया है मुझ तक।
बातों की आँख-मिचौली में,
मैं अब तक समझा नहीं,
डूब गया एक सरगोशी में,
फिर एक लम्हा डूब गया
लहरों की ख़ामोशी में।

फिर भी दिल क्यों करता है,
लहरों के उस पार मिलूँ।
यह ज़रूरी तो नहीं
कि बार-बार कहूँ...

तेरी तसवीर का अक्स

अब शुरू किया है तो उस लाल रंग से करूँगा, जो क़ायदा है तेरी तहज़ीब का।

कुछ क़ैद हैं इन झुल्फ़ों में एक अर्से से, अंचल है तक़दीर का।

लबों पर हँसी है जो ग़ुलाबी-सी, वो जवाब है मेरी तहरीर का।
जो हया है इन आँखों में बस्ती, वो अक्स है मेरी तस्वीर का।

ये काली रात है तेरी अदा-सी बिखरी,
नींद मेरी है और ख़्वाब बस हसीन का।
तेरी रूह से महकती है फ़िज़ाओं की हर साँस,
तू परछाईं नहीं, एक नूर है यक़ीन का।

तेरे चलने से जैसे बहारें उतर आती हों, हर क़दम पे सजता है मंज़र जमीं का।
तेरे हुस्न में छुपा है सुकून इबादत का, तू जवाब है मेरी हर अधूरी ताबीर का।

तेरी मुस्कान है दुआओं का मुकम्मल असर,
तेरी चाहत, तसब्बुर है मेरी ज़िंदगी का।

धर्म - कर्म

मुझसे ना पूछ ये ग़ालिब,
मेरा धर्म क्या है।

क्या मैं हिंदू?
क्या मैं मोमिन?
सिख या ईसा॥

मिटी से रूखसत होकर,
जन्नत-ए-दीदार मिला॥

रोक कर ख़ुदा ने,
मेरी रूह से पूछा,
बता तेरा कर्म क्या है॥

जिंदगी ।।

कभी उम्मीदों में बंधी ज़िंदगी, कभी लगे पूरी है ज़िंदगी।
कभी लगे किसी के एहसास की कमी,
उलझनों की गाँठ में बंधी,
फिर भी कितनी हसीन है ज़िंदगी॥

थोड़ी-थोड़ी खुशियों में रुला देती है,
फिर भी अकसर हँसाती है ज़िंदगी।

ये ज़िंदगी कुछ सपनों जैसी, कुछ ख्वाहिशें अकसर पूरी हो जाती हैं,
कुछ चाहतें बस सपने रह जाती हैं –
कितनी नादान-सी है ज़िंदगी।

कभी बदनाम-सी है ज़िंदगी,
कभी अंधकारों में रोशनी की एक किरण।
कभी पूरे रोशनी भरे जीवन में, अंधकार कर देती है ज़िंदगी।

कभी सरप्राइज से भरी ज़िंदगी, कभी बिल्कुल शांत-सी।
कई सालों में भी अकसर, लगती दो पल की ज़िंदगी।
हार-जीत से परे, सुख-दुख में भी,
कितनी खूबसूरत है ज़िंदगी।।

वफ़ा की रूसवाई

बेईमान आदतो के साथ
हम वफ़ादार तो बन गए
हुस्न के बाज़ार मे
हम खरीदार तो बन गए

पर वफ़ा ना रास आई हमे
मिली वहा भी रूसवाई हमे

कभी हसा करते थे औरो को देखकर
देखो आज खुद हम, खुद मे मजाक बन गए.

ज़ख़्म-ए-दिल छुपाते रहे मुस्कान में हमेशा,
लोग समझ बैठे कि हम दिलदार बन गए।

टूटे है कई ख्वाब मेरे बिन सोये

टूटे हैं कई ख्वाब मेरे बिन सोए,
इन नींद-भरी आँखों को इस कदर यक़ीन है...

मेरी बर्बादी का मंज़र भी हसीन होता,
उसकी आँखों से आँसू क्या झलके,
लगा जैसे हमसे हुआ कोई गुनाह संगीन है...

अभी भी कोई कर्ज़ है बकाया मुझ पर,
ब्याज चुकता करता रहा हूँ एक अरसे से,
एक अरसे से मूल का मिज़ाज गम्भीर है...

वैसे तो वक़्त किसी के लिए नहीं रुकता,
सिवाय ज़मीन-आसमान के दरमियाँ।

ज़मीन कुछ कह पाती तो यूँ आँसुओं का समंदर न ओढ़ लेती,
और ढलता सूरज आसमान को करता रंगीन है...
कहीं दूर मिलती है ज़मीन-आसमान से,
सुना है वो मंज़र होता हसीन है...

कभी-कभी इंतज़ार खत्म हो जाता है वक़्त के साथ,
पर खत्म वो भी होता है जो इंतज़ार में ग़मगीन है।

जानता हूँ तुम्हें पा नहीं सकता ।

जानता हूँ तुम्हें पा नहीं सकता,
इजाज़त ये भी नहीं क्या–तुम्हें चाह नहीं सकता।

उलझे रिश्ते और उलझ जाएँगे,
जीतकर भी हम हार जाएँगे।

मानता हूँ, दूर हूँ–पास आ नहीं सकता,
इजाज़त ये भी नहीं क्या–तुम्हें चाह नहीं सकता।

उम्र थोड़ी ज़्यादा है, फिर भी अभी नादान हूँ,
ना देखूँ तुम्हें, पल भर तो - मैं परेशान हूँ।

हैरान हूँ–ख़्वाब कैसे हक़ीक़त बन सकता?
इजाज़त ये भी नहीं क्या–तुम्हें चाह नहीं सकता।

हो जाओगी तुम किसी और की, ये हकीकत है,
कुछ होनी होके रहेगी जिसे, टाल नहीं सकता,

जानता हूँ तुम्हें पा नहीं सकता, बस चाहत निभा सकता हूँ।।

अजी सुनती हो

कि दिल में अरमान कितने है,
वो सुने तो सुनाऊ क़रार से
हर दफा उनकी ज़रूरत नहीं होतीं,
फिर भी पुकार लेते हैं, "अजी सुनती हो" प्यार से

कभी मुस्कान में छुपा लेती हैं मेरी सारी थकान को,
कभी ख़ामोशी में भी सुन लेती हैं मेरे टूटे अरमान को।

उनके बिना ये घर,
घर नहीं,
बस दीवारों का एक साया है,
उनके कदमों से ही तो मेरे आँगन ने चैन पाया है।

मैं गिरूँ भी तो उनका हाथ थाम लेता हूँ सहारा बनकर,
और जीतूँ तो उनका चेहरा नज़र आता है इज़हार बनकर।

वो आईं तो सूनी दीवारों को भी घर का अहसास मिला,
उनकी मुस्कान से ही तो इस आँगन को उजालों का विश्वास मिला।

अपना मायका छोड़कर मेरे सपनों में रंग भरने लगीं,
हर रोज़ छोटी-छोटी कोशिशों से मेरी दुनिया सँवरने लगीं।

जब मैं टूटा तो उन्होंने ही मेरा हाथ थामा,
जहाँ सबने छोड़ा, वहाँ उन्होंने मुझे दिल से अपनाया।

मेरे आँसुओं को अपनी ख़ामोशी में छुपा लिया,
मेरी हर थकान को अपनी मुस्कान से मिटा दिया।

अगर मैं आज संभला हूँ,
तो उनकी मोहब्बत से,
अगर मैं आज जिया हूँ,
तो उनकी रूह की बरकत से।

वो सिर्फ़ मेरी पत्नी नहीं,
मेरी दुआओं का जवाब हैं,
मेरे हर अधूरे सफ़र की मंज़िल,
मेरी ज़िंदगी का ख़्वाब हैं।

एक उम्र से मैं हँसा भी नहीं

इक तमन्ना में जली उम्र तमाम मेरी,
खुशखबरी मिली, पर एक उम्र से मैं हँसा भी नहीं
क़ैद-ए-ग़म से निकलूँ किस तरह, मेरे यार,
जाम हाथों में है, मगर नशा भी नहीं।

हर चौराहे पर लगता है,
एक क़ब्र खुदी पड़ी है।
कितनों की आशिक़ी दफ़्न है,
कितनों को इंतज़ार है ।।

कि मत पूछ, कितना ख्याल तेरा है,
तेरी यादों में ही अब हर पल बसेरा है।
ये जो उंस की एक आग दिल में जगी है,
ये दिल भी तेरा है, ये दर्द भी तेरा है।

हमसे नज़रे मिलाया करो.

ऐसे ही पूछा करो हाल मेरा तुम
ऐसे ही हाल बता जाया करो
अगर यहीं हैं प्यार- तो मान लेते हैं
बस युही हमें समझाया करो...

अगर दिख जाऊ मैं कहीं तुम्हें अचानक
तो गलती से तुम भी टकराया करो
छुपा लो जो भी दिल में हैं- ज़माने से
पर हमसे नज़रे मिलाया करो...

झांकता रहता हूं तेरी आँखों में
नज़र आता नहीं हाल..
सब हैं समुंदर सा
करवट तो लेते ही होंगे ख़यालात तुम्हारे
हम महसूस कर सके..
सिलवटें चादर की छोड़ जाया करो...

अब बात आई हैं तो..
सोचता हूँ कह ही दु
तुम्हें ना याद आऊ ये तो वाज़ीफ हैं

पर फिर भी..
मुझें तड़पाने को
मुझें छेड़ जाया करो...

एक अर्से से कुछ राज़ दबा रखें हैं मैंने
कोई क्यू सुने इन्हें भला
अब दिल भर चुका हैं इन्हें संभाले..
पर कमज़ोर नहीं
कभी कभी आके हमराज़ बन जाया करो...

कहीं सुना था प्यार दरिया हैं आग का
मैं साहिल पे बैठा..
तेरी मौजों को तका करता हूँ
जब चाहें हमें आज़माया करो.

अब ये दिल और कुछ कहना नहीं चाहता है

अब ये दिल और कुछ कहना नहीं चाहता है
सबने कहा तो मान लिया जाता है
पर मतलबी दुनिया में
शरीर की भूख के सिवाय
जज्बातो का बस खेल नज़र अता है

आओ जरा, ध्यान देते है
किताबो से प्यार, छान लेते है
दिल में ज़ख्म मेरे ज़रा ज्यादा है
नमक लगा, सान लेते है

क्या दिल तुम्हारा भी धड़कता है
तो उसे धड़कने दो
गुमशुदगी की रपट लगेंगी
जज़्बात मत पनपने दो

तन्हा है, चुनिंदा है, खाली दर्द पे ही ज़िन्दा है

अब ये दिल और कुछ कहना नहीं चाहता है ।।

पर अच्छा है, हम तुमसे दूर हैं ।

इश्क़ तुमसे, मुझको ज़रूर है
पर अच्छा है, हम तुमसे दूर हैं

मुझे मेरे इश्क़ में गुरूर है
पर अच्छा है, हम तुमसे दूर हैं
रूठोगी तो मनाऊँगा
रोएगी तो हँसूँगा
हर ग़म में, साथ निभाऊँगा

बिछड़ना तो मुक़द्दर है
क्यों तुम किसी और के हाथ की लकीर हो
और मैं किसी के आज का सच हूँ

सब वक़्त की साज़िश है हमें ना मिलाने की
मालूम है तुम मंज़िल के रास्ते में हो,
मंज़िल नहीं हो !

चले जाओगे तुम किसी और रास्ते पर ।
पर जब तुम चले जाओगी
मुझे छोड़कर

तो रोने से खुद को रोक न पाऊँगा

मैं रो लूँगा, ये मेरा सुरूर है
पर अच्छा है, हम तुमसे दूर हैं ।।

www.ingramcontent.com/pod-product-compliance
Lightning Source LLC
LaVergne TN
LVHW022031200926
848481LV00007B/2638
* 9 7 9 8 8 9 8 6 5 9 6 5 3 *